AF382214

COMPRENDRE LA LITTÉRATURE

BORIS VIAN

J'irai cracher sur vos tombes

Étude de l'œuvre

22 rue Gabrielle Josserand - 93500 Pantin.

ISBN 978-2-7593-0391-5

Dépôt légal : Juin 2023

Impression Books on Demand GmbH

In de Tarpen 42

22848 Norderstedt, Allemagne

SOMMAIRE

BIOGRAPHIE DE BORIS VIAN

Boris Vian est un écrivain, poète, parolier, chanteur, trompettiste de jazz, dramaturge et traducteur français. Il est né le 10 mars 1920 à Ville-d'Avray dans les Hauts-de-Seine. Ses parents, Paul Vian et Yvonne Ravenez, sont de riches rentiers. Boris a deux frères, Lélio né en 1918, Alain né en 1921, et une sœur, Ninon née en 1924. La famille mène une vie insouciante dans une magnifique villa, près de Saint-Cloud. En 1929, le krach boursier entraîne la ruine financière de la famille qui avait placé toutes ses économies en bourse. Les Vian aménagent alors dans une plus petite maison sur leur domaine et louent la villa. Paul se voit obligé de prendre un emploi.

En 1932, alors qu'il n'a que douze ans, on découvre que Boris souffre d'un rhumatisme cardiaque. Dès lors, il est surprotégé par sa mère. Malgré sa petite santé, Boris est un élève brillant. À l'âge de quinze ans, alors qu'il développe une fièvre typhoïde, il obtient un baccalauréat de latin-grec, puis deux ans plus tard un baccalauréat de philosophie, avec option mathématiques. Il est alors admis dans une prestigieuse école d'ingénieurs : l'École centrale des Arts et Manufactures. Boris Vian commence à s'intéresser au jazz, il apprend à jouer de la trompette, fonde un orchestre avec ses deux frères et adhère au Hot Club de France, dont le président d'honneur est Louis Armstrong. En 1939, la Seconde Guerre mondiale éclate, l'école de Boris se replie à Angoulême. Il n'est pas mobilisé de par ses problèmes de santé.

En 1940, la famille Vian passe les vacances d'été à Capbreton dans les Landes. Boris y rencontre Michelle Léglise qu'il épouse un an plus tard, en 1941 à Paris. C'est cette même année que commence véritablement son activité littéraire : il commence la rédaction de *Cent sonnets*. En 1942, un premier enfant, Patrick, naît de l'union entre Boris et Michelle. Il obtient la même année son diplôme d'ingénieur et est employé dans l'Association française de normalisation. Boris Vian écrit son premier roman en 1943, *Trouble dans les andains*, qui ne sera publié qu'en 1966. En 1944, il achève son deuxième roman, *Vercoquin et le plancton*, et le fait lire à son voisin, le célèbre biologiste Jean Rostand, qui le transmet à Raymond Queneau. Celui-ci, alors éditeur chez Gallimard, acceptera de le publier. Cette année est aussi marquée par un violent drame : son père, Paul Vian, est assassiné dans la maison familiale.

Boris démissionne en 1946 de l'Association française de normalisation et devient ingénieur à l'Office du papier et carton. Il écrit cette année-là *L'Écume des jours*, *L'Automne à Pékin*, puis *J'irai cracher sur vos tombes*, composé en seulement quinze jours. Boris Vian met en place une supercherie : il présente cet ouvrage comme une traduction d'un auteur américain, Vernon Sullivan, qui est en fait l'un de ses pseudonymes. Il fréquente à cette époque le quartier Saint-Germain-des-Prés où il côtoie de nombreux intellectuels tels Jean-Paul Sartre, Simone de Beauvoir et Raymond Queneau, avec qui il s'est lié d'une profonde amitié. *J'irai cracher sur vos tombes*, premier ouvrage publié de Boris Vian aux éditions du Scorpion, est un véritable succès, mais est attaqué en justice pour « incitation à la débauche ». En 1947, sont publiés *Vercoquin et le plancton*, *L'Écume des jours*, *L'Automne à Pékin*, signés Boris Vian, et *Les Morts ont tous la même peau*, signé Vernon Sullivan. Ces ouvrages n'obtiennent malheureusement pas le succès escompté. Il démissionne de l'Office du papier et carton, renonce définitivement à sa carrière d'ingénieur et devient trompettiste au Tabou, fameux club de jazz. Il écrit en 1948 son premier recueil de poèmes, *Barnum's Digest*, un roman (publié aux éditions du Scorpion),

Et on tuera tous les affreux, et traduit, avec sa femme Michelle, deux romans policiers pour les éditions Gallimard. Sa vie privée est marquée par la naissance de sa fille Carole. Il noue des liens avec de grands noms du jazz, tels Duke Ellington et Miles Davis.

1949 est malheureusement l'année des échecs. Il publie un recueil de nouvelles, *Les Fourmis*, qui est un fiasco commercial, *J'irai cracher sur vos tombes* est interdit pour « outrage aux mœurs » et Boris Vian doit payer de larges indemnités qui l'endettent considérablement. Sa vie privée se désagrège également : il traverse une crise avec sa femme Michelle qui est devenue la maîtresse de Jean-Paul Sartre. En 1950, paraissent *L'Herbe rouge* (signé Boris Vian) et *Elles se rendent pas compte* (dernier roman signé Vernon Sullivan). Il rencontre cette année-là Ursula Kübler, fille d'écrivain, lors d'un cocktail donné aux éditions Gallimard. Il termine en 1951 l'écriture de *L'Arrache-cœur*, conçu pour une trilogie initialement intitulée *Les Fillettes de la reine*. Malheureusement, le manuscrit est refusé par les éditions Gallimard. Il fonde avec Raymond Queneau le Club des Savanturiers, consacré à la science-fiction. Il divorce de Michelle et aménage dans un studio avec Ursula, puis dans un appartement de Montmartre. Ils deviennent voisins de Jacques Prévert, avec qui ils deviendront amis. À cause de sa maladie de cœur, Boris Vian arrête de jouer de la trompette.

L'Arrache-cœur est enfin publié en 1953, mais reçoit un accueil extrêmement frileux. Profondément affecté, Boris Vian renonce à la littérature. Il devient alors directeur artistique chez Phillips, compose de nombreuses chansons et comédies musicales. Il écrit en 1954 *Le Déserteur*, chanson antimilitariste contre la guerre d'Indochine. Elle sera censurée à partir de 1958, lorsqu'éclate la Guerre d'Algérie. Alain Robbe-Grillet décide de publier en 1956 une version remaniée de

L'Automne à Pékin aux éditions de Minuit. Boris Vian fait cette année-là une importante crise pulmonaire qui l'affaiblit considérablement. Il continue pourtant ses nombreuses activités et publie sa dernière œuvre majeure en 1958 : *En avant la zizique*, un essai sur le monde de la musique.

En 1959, il travaille avec un réalisateur sur l'adaptation cinématographique de *J'irai cracher sur vos tombes*. La collaboration tourne au désastre, Boris ne supporte pas la manière dont son ouvrage est traité et interprété. Ironie du sort, alors qu'il assiste à une projection privée du film, il est en proie dès le générique de début à une fatale crise cardiaque et meurt le 23 juin 1959.

Artiste déchu, Boris Vian n'aura jamais connu la gloire. Pourtant, l'intérêt de son œuvre est aujourd'hui indéniable, et le succès posthume sera colossal.

PRÉSENTATION DE J'IRAI CRACHER SUR VOS TOMBES

J'irai cracher sur vos tombes a été publié en 1946 aux éditions du Scorpion. Suite à un pari avec son jeune ami éditeur Jean d'Halluin, Boris Vian a mis seulement quinze jours pour écrire ce roman, durant des vacances en Vendée. Si ce n'est le premier roman écrit par Vian, c'est en revanche son premier ouvrage publié. Il est en fait signé Vernon Sullivan, Boris Vian se présentant comme un simple traducteur. Il s'agit bien sûr d'une duperie qui fera de nombreux remous. Ce roman est un pastiche de roman policier américain.

Comme dans la totalité des romans écrits sous le pseudonyme de Vernon Sullivan, l'histoire se déroule au Sud des États-Unis. Lee Anderson, fils de Noirs, a bizarrement la peau très blanche. Son frère est décédé après avoir été pendu par des Blancs, pour avoir eu une relation avec une jeune fille blanche. Dès lors, Lee Anderson quitte ses racines et sa ville natale pour s'installer dans une bourgade. Il y devient libraire, mais n'a en fait qu'une idée en tête : venger la mort de son frère. Lee élabore alors de funestes desseins…

Ce pastiche de roman noir est empreint d'une rare violence. Dès 1947, une plainte est déposée contre *J'irai cracher sur vos tombes*, ce qui démultiplie le nombre de ventes, mais il est interdit à partir de 1949 pour « outrage aux mœurs ». C'est tout de même un véritable succès : les éditions du Scorpion ont enregistré 110 000 ventes et l'ouvrage est ensuite publié par les éditions Christian Bourgois et les éditions du Livre de Poche, qui ont largement pérennisé le succès.

RÉSUMÉ DU ROMAN

Chapitre I

Un jeune homme sans le sou arrive fraîchement dans une petite ville du Sud des États-Unis : Buckton. Il trouve un emploi de libraire grâce à une lettre de recommandation écrite par un ami de son frère, Clem. Hansen, le gérant de la librairie, lui explique qu'il n'y a rien à faire dans cette ville, si ce n'est boire du whisky. Il lui conseille d'aller voir des filles au drugstore, ce qui semble tout particulièrement intéresser le jeune homme.

Chapitre II

On apprend que le jeune homme se nomme Lee Anderson. Très vite, son emploi dans la librairie l'ennuie, le travail y est extrêmement routinier. Un soir, après la fermeture de la librairie, il se rend au drugstore et fait la connaissance d'une jeune adolescente qui s'appelle Jicky. Elle lui présente sa bande d'amis. Ils font le plein d'alcool et partent se baigner dans une rivière. Lee et Jicky font l'amour à deux reprises.

Chapitre III

L'été durant, Lee continue de fréquenter la bande d'adolescents. Il leur fournit de l'alcool et séduit toutes les jeunes filles du groupe. Il pense souvent à son frère aîné et semble inquiet de savoir comment ça se passe pour lui. Non croyant, Lee se rend à l'office tous les dimanches pour la bienséance.

Chapitre IV

Lee fait la rencontre de Dexter, une crapule de bonne famille, qui est le chef de bande du groupe de jeunes. On apprend que Lee est un Noir à la peau très claire, qui fait tout pour se faire passer pour un Blanc. Ce chapitre révèle aussi qu'il met en place un plan machiavélique, comme le suggère cette courte phrase : « Je les aurai. »

Chapitre V

Lee et la bande de jeunes se rendent à une soirée chez Dexter. Lee y rencontre celles qu'il cherche : deux jeunes sœurs issues d'une famille bourgeoise, Jean et Lou Asquith. Lee s'arrange pour les faire boire et les amène chez l'une de ses conquêtes, Jicky. Il profite de l'état d'ébriété avancé de Jean pour lui faire l'amour.

Chapitre VI

Lee douche et rhabille Jean Asquith. Jean est sous le charme et lui demande s'il veut passer d'autres nuits avec elle et l'épouser. Lee lui répond qu'il préfère sa sœur.

Chapitre VII

La soirée se poursuit et l'alcool coule toujours à flots. Lee tente de soûler et séduire Lou Asquith, mais celle-ci se montre réfractaire et virulente à l'encontre de Lee.

Chapitre VIII

Après la soirée, la vie de Lee reprend son cours. Il travaille toujours à la librairie et remplace un guitariste dans un petit orchestre de la ville. Un jour, il reçoit une lettre de son frère aîné, Tom. Il lui confie qu'après avoir protesté suite à un lynchage de Noirs, il s'est fait rouer de coups. Tom demande à

Lee de venir le voir le plus tôt possible. Ensemble, ils mettent le feu à la maison construite par leur père afin qu'elle ne puisse jamais être entre les mains des Blancs. On apprend que leur petit frère, surnommé « le gosse » par Lee, a été descendu pour avoir eu une relation avec une fille blanche de bonne famille. C'est pourquoi Lee met en place une vengeance.

Chapitre IX

Le lendemain, Jean Asquith passe un appel téléphonique à Lee pour l'inviter à passer le week-end chez elle en compagnie d'autres amis. Naturellement Lee accepte, mais s'emploie à ne pas montrer son enthousiasme. Dexter passe le prendre à la fermeture de la librairie pour l'emmener dîner. Dexter semble se méfier des projets de Lee envers les sœurs Asquith.

Chapitre X

Après le dîner, Dexter conduit Lee dans un endroit, sans lui dire de quoi il s'agit. Une fois arrivé, Lee comprend que c'est un bordel où la pédophilie est de mise. Dexter le défie de coucher avec une petite négresse d'une douzaine d'années, pendant que lui s'occupe d'une petite rousse. La scène est d'une profonde violence.

Chapitre XI

Le lendemain, Lee passe prendre Dexter pour se rendre chez les sœurs Asquith. En chemin, ils ne font pas allusion à la soirée de la veille. Dexter apprend à Lee que les parents des deux sœurs exploitent des Noirs dans des plantations de canne à sucre.

Chapitre XII

Durant le week-end chez les Asquith, Lee s'attèle à séduire la plus jeune sœur, Lou. La tâche s'avère difficile car la jeune fille se montre méfiante, tandis que Jean, l'aînée, est sous le charme de Lee. Lou tient des propos racistes, ce qui accroît la colère de Lee.

Chapitre XIII

Au milieu de la nuit, alors que tout le monde est couché, Lee se rend dans la chambre de Lou mais ne parvient à ses fins. Après s'être fait éconduire, il s'introduit dans la chambre de sa sœur Jean qui l'attendait nue. Il lui fait l'amour de manière violente.

Chapitre XIV

Le lendemain, Lee part en balade avec Jean. Elle paraît amoureuse de lui et il finit par lui promettre le mariage. Jean lui demande de lui raconter sa vie et il lui relate des balivernes : son père est d'origine suédoise et il a passé dix ans en Europe pour ses études. On apprend qu'en réalité Lee était domestique en Europe et que comme bon nombre d'autres esclaves Noirs, il était maltraité et violé.

Chapitre XV

Le soir, Lou attend Lee sur son lit, déshabillée. La jeune sœur, ayant entendu les ébats entre Lee et son aînée la veille, montre une certaine jalousie. Le jeune homme lui assure qu'il se fiche de Jean et qu'il la préfère. Lou est prête à s'offrir à Lee, mais celui-ci refuse par bienséance, comme il le laisse penser. Il est désormais sûr d'avoir les faveurs des deux sœurs et va pouvoir mettre en place ses macabres desseins.

Chapitre XVI

Quelques jours après le week-end chez les Asquith, Lee reçoit une lettre de son frère aîné Tom, qui a entrepris des études à New York. Un jour, Jean vient voir Lee à la librairie. Elle lui avoue être enceinte. Lee lui ordonne d'aller dans un hôtel reculé de la ville dès la fin de la semaine, sans en parler à ses parents. Il lui promet de la rejoindre le lundi suivant. Lee suggère à Jean de mettre sa sœur cadette dans la confidence.

Chapitre XVII

Lee réfléchit à la manière de supprimer les sœurs Asquith. Il prévoit dans un premier temps de simuler un accident de voiture. Ce projet ne l'enthousiasme pas plus que ça, car il craint que les sœurs ne comprennent pas la raison de leur mort. Il en conclut qu'il se décidera le moment venu et se procure différentes armes et outils (cartouches, pelle, pioche, corde…). Lee veut s'assurer de la présence de Lou : il l'appelle et l'informe qu'il va passer la chercher.

Chapitre XVIII

Lee va chercher Lou et ils prennent la route vers le Sud pour retrouver Jean. Dans la voiture l'ambiance est glaciale, Lee et Lou n'échangent pas un mot. La jeune fille boit beaucoup de bourbon durant le trajet. Tant il est excité, Lee ne parvient à conduire et arrête la voiture. Lou descend, profite que Lee ait un moment d'inattention et lui tire dessus. Elle lui explique qu'elle sait par Dexter qu'il n'est qu'« un sale nègre » et qu'elle le hait. Lee lui raconte alors l'assassinat de son petit frère par les Blancs et lui avoue qu'il va la tuer. Il la torture, la viole et la tue.

Chapitre XIX

Lee laisse le corps de Lou et ses affaires au bord de la route. Il est inquiet car, avant de mourir, elle lui a dit qu'elle avait appelé Dexter pour lui demander d'appeler la police. Il est plus motivé que jamais pour supprimer Jean.

Chapitre XX

Durant le trajet, Lee se remémore des souvenirs d'enfance. Il pense à la première fois où il a joué de la guitare et à son petit frère, fou de joie, qui dansait. Lee ne sent plus son bras, à l'endroit où Lou lui a tiré dessus. Il repense aux cris effroyables qu'elle faisait avant de mourir. Pressé d'arriver, Lee roule à toute vitesse et manque de justesse un accident.

Chapitre XXI

Lorsque Lee arrive à l'hôtel où se trouve Jean, le téléphone sonne à deux reprises. Lee, craignant que ce soit Dexter ou la police, ne parvient à se contenir et massacre le téléphone à coups de pied. Lee et Jean partent en voiture pour aller déjeuner. Le jeune homme s'arrête en chemin et ils font l'amour. C'est alors qu'il lui raconte ses origines, son histoire, celle de son jeune frère, et ce qu'il a fait à Lou. Il se met ensuite à étrangler Jean, qui ne se débat pas, qui se laisse mourir. Une fois qu'elle est morte, Lee la viole.

Chapitre XXII

La police a appris, par un appel téléphonique, que Lee a tué deux filles et un garagiste. Une équipe de policiers part à sa recherche dans l'espoir de l'arrêter.

Chapitre XXIII

Les policiers ont trouvé Lee et engagent une course-poursuite sur la route, de laquelle jaillit une profusion de balles. Lee n'a de cesse de penser aux cris de Lou lorsqu'il la torturait. Il se réfugie, dénué de force, dans une grange. Les policiers le rattrape et lui tire dessus : Lee s'écroule à terre.

Chapitre XXIV

Du fait de ses origines nègres, Lee est pendu.

LES RAISONS
DU SUCCÈS

J'irai cracher sur vos tombes eut un tel succès qu'il fut le best-seller de l'année 1947. L'ouvrage doit son essor aux accents de polémique qui entourent sa publication. La toute première critique, qui paraît dans *La Dépêche de Paris*, ressemble aux suivantes et annonce le scandale qui ne va pas tarder à éclater : « Il paraît que nul éditeur américain n'a osé publier cette élucubration maladive d'un métis. C'est à l'honneur de l'édition américaine, et il faut déplorer qu'il se soit trouvé en France un traducteur et une firme pour diffuser cette incivilité sénile et malhonnête. C'est sur le livre qu'on peut cracher. » Si le livre est publié en 1946, une plainte est déposée dès février 1947 pour immoralité et vulgarité. Il est bien connu que le parfum du scandale accroît vivement les ventes, le chiffre d'affaire des éditions du Scorpion se démultiplie alors. Bien évidemment, aucune poursuite ne peut être donnée, puisque l'auteur est introuvable ! Boris Vian n'a à cette époque aucun intérêt à révéler l'identité de Vernon Sullivan. Dès le mois de mars de l'année 1947, un macabre fait divers va à nouveau alimenter la polémique. Dans une chambre d'hôtel, Edmond Rouzé, représentant de commerce, assassine par strangulation sa maîtresse, Anne-Marie Masson, puis se suicide. Il avait pris le soin de laisser dans la chambre un exemplaire de *J'irai cracher sur vos tombes* ouvert à la page où Lee Anderson assassine Lou Asquith. Le roman de Vernon Sullivan est à nouveau attaqué par la presse. Et c'est seulement quelques jours après ce drame qu'il se place en numéro un des ventes. Une nouvelle plainte est déposée en 1948, et l'ouvrage est interdit à la vente dès 1949 par arrêté ministériel. L'étau se resserre autour de Vian, il finit par avouer avoir écrit *J'irai cracher sur vos tombes*. Boris Vian est alors condamné à 100 000 francs d'amende pour outrage aux mœurs, ce qui concourra à la ruine de l'auteur. À l'époque, Vian (ou plutôt Sullivan) est largement comparé à l'auteur Henry Miller, dont les ouvrages *Tropique du Cancer* et *Tropique du Capricorne* furent interdits en 1934 et 1939 pour obscénité et pornographie.

La supercherie visant à élaborer un *best-seller*, mise en place par Boris Vian et Jean d'Halluin, a parfaitement fonctionné. Selon Noël Arnaud, spécialiste de Boris Vian, « la littérature américaine, à résonances revendicatrices et fortement pimentée de sexualité, faisait en revanche la fortune des éditeurs. Jean d'Halluin souhaitait rétablir ses finances par la publication d'un best-seller. Il s'ouvre de son projet à Boris, sollicitant son avis sur le choix d'un roman américain qu'il pourrait à son tour lancer sur le marché. Boris lui rétorque : "Un best-seller ? Donne-moi dix jours et je t'en fabrique un." C'est sur ce pari – et sur une recette éprouvée – que Boris devait écrire *J'irai cracher sur vos tombes*. Le coup ne pouvait réussir qu'en flattant l'appétit du public pour les auteurs américains. Boris écrivit donc un roman américain. Sous cet angle, il est bien vrai que son ouvrage ne fut jamais qu'une "traduction" ». En fait, le livre signé Sullivan, est empreint d'indices quant à cette supercherie : un lecteur aguerri aurait pu s'en douter. Dès la préface, écrite sous le nom de Boris Vian, le soi-disant traducteur, explique et analyse la démarche de Vernon Sullivan : « C'est vers juillet 1946 que Jean d'Halluin a rencontré Sullivan, à une espèce de réunion franco-américaine. Deux jours après, Sullivan lui apportait son manuscrit. » Vian achève cette préface par un clin d'œil à sa supercherie : « Ma foi, c'est une façon comme une autre de vendre sa salade… » Par ailleurs, dans le premier chapitre, la démarche de Boris Vian est expliquée à travers le discours du gérant de la librairie qui emploi Lee Anderson :

« – Vous avez raison. Eh bien, encore cinq ans et je me retire de ce travail.

– Pour quoi faire?

– Écrire, dit-il. Écrire des best-sellers. Rien que des best-sellers. Des romans historiques, des romans où des nègres coucheront avec des blanches et ne seront pas lynchés, des romans avec des jeunes filles pures qui réussiront à grandir intactes au milieu de la pègre sordide des faubourgs. Il ricana.

– Des best-sellers, quoi ! Et puis des romans extrêmement audacieux et originaux. C'est facile d'être audacieux dans ce pays ; il n'y a qu'à dire ce que tout le monde peut voir en s'en donnant la peine.

– Vous y arriverez, dis-je.

– Sûrement, j'y arriverai. J'en ai déjà six de prêts. »

Par le biais du discours du gérant, Vian expose sa propre démarche et son approche du roman en cours. C'est, pour le lecteur, le premier indice indiquant le canular à visée commerciale. Le mystère planant autour de ce soi-disant auteur américain a éveillé tous les appétits du lecteur.

Une autre des raisons pour laquelle le livre a un fort succès, est le fait qu'il s'intègre parfaitement à l'air du temps en matière de littérature. Il faut ici rappeler que le livre est publié en 1946, soit un an après la Seconde Guerre mondiale. La population est profondément affectée et développe dans ses goûts littéraires un désir de vengeance exacerbé. C'est dans ce climat que le roman noir connaît son véritable essor. À partir de 1946, les éditions Gallimard lance la collection « Série Noire » représentant les grandes tendances du roman noir américain et français. La collection se poste en véritable opposition avec les collections existantes telles « Le Masque », publiant à l'époque de grands classiques du roman policier : Agatha Christie ou encore Arthur Conan Doyle. Comme le suggère Marcel Duhamel, fondateur de la « Série Noire » : « Que le lecteur non prévenu se méfie : les volumes de la "Série noire" ne peuvent pas sans danger être mis entre toutes les mains. L'amateur d'énigmes à la Sherlock Holmes n'y trouvera pas souvent son compte. L'optimiste systématique non plus. L'immoralité admise en général dans ce genre d'ouvrages uniquement pour servir de repoussoir à la moralité conventionnelle, y est chez elle tout autant que les beaux sentiments, voire de l'amoralité tout court. L'esprit en est rarement conformiste. […] À l'amateur de sensations fortes, je conseille donc vivement la réconfortante lecture de ces ouvrages, dût-il me traîner dans la boue après coup. En choisissant au hasard, il tombera vraisemblablement sur une nuit blanche. » Le roman noir se distingue du roman policier classique par son ancrage dans une réalité sociale précise – généralement violente – et le discours critique qu'il colporte. Le genre du roman noir est souvent considéré comme de la sous-littérature, mais le succès populaire qu'il remporte est indéniable. *J'irai cracher sur vos tombes* s'inscrit donc tout à fait dans cet engouement pour le genre, et c'est ainsi que Jean d'Halluin annonce dans un *Prière d'insérer* que : « *J'irai cracher sur vos tombes*, le premier roman de ce jeune auteur que nul Éditeur Américain n'osa publier, dénonce en des pages d'une violence inouïe et dont le style est égal à celui des grands prédécesseurs que sont Caldwell, Faulkner et Cain, l'injuste suspicion réservée aux noirs dans certaines régions des États-Unis. […] Un roman comme on n'en a jamais écrit », Caldwell, Faulkner et Cain étant des maîtres du roman noir.

Cette œuvre considérée comme scandaleuse à l'époque où elle a été publiée, continue par la suite à faire parler d'elle. Une adaptation théâtrale mise en scène par Alfred Pasquali voit le jour en 1948 et fait elle aussi scandale. Le livre et la pièce sont ensuite interdits jusqu'en 1953, où une amnistie annule le verdict. Le projet d'une adaptation cinématographique prend alors forme. Il sortira en 1959. Le film fait scandale, il est interdit au moins de seize ans jusqu'en 2004. Boris Vian est en désaccord avec le producteur, Michel Gast, n'acceptant pas la transition entre sa vision du roman et celle du cinéaste. Ironie du sort, cette œuvre qui aura causé beaucoup de tort à Boris Vian l'accompagne jusqu'à sa mort, puisqu'il décède d'une crise cardiaque durant la projection du film. Le succès de *J'irai cracher sur vos tombes* repose entièrement sur le métatexte, c'est-à-dire tout ce qu'il y a eu autour du texte et qui a éveillé les curiosités.

LES THÈMES
PRINCIPAUX

La dénonciation du racisme

Ce roman noir est l'occasion pour Boris Vian de dénoncer le racisme et la condition déplorable des Noirs à cette époque. Dans la préface qu'il a rédigée soi-disant en sa qualité de traducteur, il dit que « Quant à son fond même, il faut y voir une manifestation du goût de la vengeance, chez une race encore, quoi qu'on en dise, brimée et terrorisée, une sorte de tentative d'exorcisme, vis-à-vis de l'emprise des Blancs "vrais" […] ». Lee Anderson, le personnage principal, est l'icône de cette race brimée assoiffée de vengeance. Il est d'origine nègre, mais sa peau est très blanche et il est blond. Ainsi, il met tout en œuvre pour se faire passer pour un Blanc et venger la mort de son frère, assassiné pour avoir eu une relation avec une Blanche. Ici, Boris Vian fait référence à un phénomène réel : la modification de la pigmentation de la peau de certains noirs dont les générations précédentes, des esclaves Noirs, ont subies des viols par leurs propriétaires Blancs. Dans un *Prière d'insérer* – qui sera supprimé dans les éditions établies à partir de 1973 –, Jean d'Halluin précise que « tous les ans 20 000 Noirs se transforment en Blancs. C'est ce qui ressort d'un récent article d'Herbert Asbury du "Colliers". Il ne s'agit pas, bien entendu, de nègres 100 % mais de métis à qui leur teint particulièrement clair permet de vivre parmi les Blancs sans être remarqués. Vernon Sullivan est un de ces Noirs et le drame de son héros, Lee Anderson, est né de ce malentendu racial, sur lequel les récents lynchages viennent, une fois de plus, d'attirer l'attention du monde civilisé. » Le sujet de ces nègres Blancs américains est tout à fait d'actualité lorsque Boris Vian écrit *J'irai cracher sur vos tombes*. À cette époque, les lynchages des Noirs aux États-Unis sont monnaie courante et les journaux français s'intéressent sérieusement au sujet. Pour venger cette ségrégation intergénérationnelle, Lee trouve les proies idéales en les sœurs Asquith. Leurs parents sont de riches blancs exploitant les Noirs dans les plantations de canne à sucre à Haïti et en Jamaïque. Les deux jeunes sœurs, qui semblent tout à fait formatées par leur éducation, tiennent des propos racistes, ce qui conforte Lee dans ses projets machiavéliques : « – Tous les grands orchestres de danse sont Blancs. – Certainement, les Blancs sont bien mieux placés pour exploiter les découvertes des Noirs. […] Je ne crois pas qu'on puisse trouver dans Gershwin un passage original, qu'il n'ait pas copié, démarqué ou reproduit. Je vous défie d'en trouver un dans la *Rhapsody in Blue*. – Vous êtes bizarre dit-elle. Je déteste les Noirs. C'était trop beau. Je pensai à Tom, et je fus bien près de remercier le Seigneur. » (Chapitre XII)

Le désir de vengeance

Lee Anderson, porte-parole des Noirs brimés, se veut être le vengeur, à la fois de son petit frère et de toutes les générations de Noirs ayant subi la ségrégation raciale. Sa vengeance est tout à fait mûrie, préparée méticuleusement. Lee, tout au long du roman, n'a que cette idée en tête : « Il n'y a qu'une chose qui compte, c'est de se venger et se venger de la manière la plus complète qui soit. Je pensais au gosse qui était encore plus blanc que moi, si possible. Lorsque le père d'Anne Moran avait su qu'il courtisait sa fille, et qu'ils sortaient ensemble, cela n'avait pas traîné. Mais le gosse n'était jamais sorti de la ville ; moi [Lee], je venais d'en rester éloigné pendant plus de dix ans, et au contact des gens qui ne connaissaient pas mon origine, j'avais pu perdre cette humilité abjecte qu'ils nous ont donnée, peu à peu, comme un réflexe, cette humilité odieuse, qui faisait proférer des paroles de pitié aux lèvres déchirées de Tom, cette terreur qui poussait nos frères à se cacher en entendant les pas de l'homme blanc ; mais je savais bien qu'en lui prenant sa peau, nous le tenions, car il est bavard et se trahit avec ceux qu'il croit ses semblables. » (Chapitre VIII). Lee est tout à fait animé par ce désir de vengeance, que rien ne semble pouvoir arrêter. Il lui prend parfois l'envie d'annuler ses macabres desseins, mais la soif de vengeance est telle, qu'il ne le peut pas : « Jusqu'à ce moment-là, je n'avais pas pensé à toutes les complications dans lesquelles allait m'entraîner l'idée de démolir ces deux jeunes filles. L'envie me vint, à ce moment, d'abandonner mon projet et de tout laisser tomber, et de continuer à vendre mes bouquins sans m'en faire. Mais il fallait que je le fasse pour le gosse, et puis pour Tom, et pour moi aussi. » (Chapitre XVII) Lee oscille même entre l'envie d'abandonner son projet et l'envie de l'étendre encore plus loin : « D'abord les filles Asquith. J'aurai eu trente six occasions d'en supprimer d'autres : les gosses que je voyais, Judy, Jicky, Bill et Betty, mais ça ne présentait pas d'intérêt. Trop peu représentatifs. Les Asquith ça serait mon coup d'essai. Ensuite, je pense qu'en me débrouillant, j'arriverais à liquider un gros type quelconque. Pas un sénateur, mais quelque chose dans ce genre. Il m'en fallait pas mal pour être tranquille. » Dès lors, Lee ne semble plus avoir aucune limite.

Le sentiment du lecteur à son encontre est tout à fait ambivalent, puisque Lee et sa cause créent une certaine compassion, mais la cruauté de ses actes engendre un profond dégoût. Le désir furieux de vengeance de Lee est dévoilé progressivement au lecteur, de manière crescendo, jusqu'aux dernières pages. L'acmé de l'horreur sanglante réside à la toute fin du roman, lorsque Lee met à exécution sa vengeance :

« Alors, je lui ai tout raconté ; enfin toute l'histoire du

gosse, comment il était tombé amoureux d'une fille, et comment le père et le frère de la fille s'étaient occupés de lui ensuite ; je lui ai expliqué ce que j'avais voulu faire avec Lou et elle, en faire payer deux pour un. J'ai fouillé dans ma poche et j'ai trouvé le bracelet de Lou, je lui ai montré, et j'ai dit que je regrettais de ne pas lui avoir rapporté un œil de sa sœur, mais qu'ils étaient trop abîmés, après le petit traitement de mon invention que je venais de lui servir. […] Elle s'était laissée étrangler sans rien faire. […] [E]lle a eu une espèce de contraction et je crois qu'elle est morte à ce moment-là. Je l'ai retournée pour ne plus voir sa figure, et, pendant qu'elle était encore chaude je lui ai fait ce que je lui avais fait déjà dans sa chambre [à savoir la sodomiser]. »

Si le lecteur découvre au fil du roman l'horreur de la vengeance mise en place, il ne peut s'attendre à cette exécution perverse et odieuse et reste sous le choc.

La violence exacerbée

À l'image des ambiances glauques des romans noir, *J'irai cracher sur vos tombes* est tout à fait empreint d'une atmosphère violente, surtout sur le plan sexuel. Boris Vian a en effet exagéré avec outrance la dépravation sexuelle. Dans cette petite ville du Sud des Etats-Unis, les jeunes trompent leur ennui dans l'alcool et le sexe. « – Qu'est ce qu'il y a à faire dans ce pays ? lui demandai-je encore. – Rien, dit-il. Il y a des filles au drugstore en face, et du bourbon chez Ricardo. » (Chapitre I). Le langage est résolument cru, le groupe de jeunes est par exemple décrit comme « une bande de singes, débraillés, gourmands et vicieux » (Chapitre III). Tout au long du roman, chaque action se crée dans une profonde violence. Le rapport de Lee aux autres est entièrement basé sur la soumission tant sexuelle que psychologique. Boris

Vian exacerbe jusqu'à son paroxysme la violence, jusqu'à caricaturer une société tout à fait lubrique. La majorité des filles de la ville, appelées bobby-soxers, sont : « Des petites de quinze seize ans, avec des seins bien pointus sous des chandails collants, elles le font exprès, les garces, elles le savent bien. » (Chapitre I), et « [À] n'importe quelle heure du jour, ces gosses étaient chaudes comme des chèvres, et humides à dégouliner par terre. » (Chapitre IV). Le comportement et le langage de Lee Anderson sont constamment motivés par un terrible machisme : « Sacré nom, quel mal j'aurai avec cette fille ; il y a des truites qui vous donnent cette impression là. » (Chapitre 12), « - Lâchez-moi. Vous êtes une brute ! – Non, dis-je. Je suis un homme. – Vous me dégoûtez, dit-elle en tentant de se dégager. » (Chapitre VII). Vian va même jusqu'à ponctuer le roman de scènes insoutenables, comme lorsque Lee et Dexter s'adonnent à de la prostitution enfantine. L'écriture de Boris Vian, ou plutôt de Vernon Sullivan, est concise, crue et acérée. Elle est au service de cette violence ambiante et l'accroît.

ÉTUDE DU MOUVEMENT LITTÉRAIRE

Il y a, chez cet auteur, deux mouvements littéraires distincts : celui de Boris Vian et celui de Vernon Sullivan. L'univers littéraire de Vian est empreint d'onirisme poétique, tandis que celui de Sullivan regorge de violence. Les ouvrages signés Sullivan et les ouvrages signés Vian se distinguent vivement par leur style. Boris Vian minore la dimension littéraire des ouvrages qu'il publie sous le pseudonyme de Vernon Sullivan. Pour lui, ses véritables œuvres sont signées par son nom réel. Si les romans de Sullivan sont empreints de réalisme, ceux de Vian s'apparentent plutôt au surréalisme. Noël Arnaud, qui a écrit une biographie de Boris Vian, dit au sujet de *J'irai cracher sur vos tombes* que : « De la qualité du roman, il ne voulait pas entendre parler. C'était un jeu, non une œuvre. [...] Avec le fond philosophique, le problème de la négritude des peaux blanches, c'était la seule chose qui avait, pour lui, un peu de valeur littéraire, dans ce gag éditorial. »

Si Boris Vian dénigre ces ouvrages, il écrit tout de même quatre romans sous la plume de Sullivan : *J'irai cracher sur vos tombes* en 1946, *Les Morts ont tous la même peau* en 1947, *Et on tuera tous les affreux* en 1948 et *Elles se rendent pas compte* en 1950. Il faut distinguer les deux premiers qui sont élaborés comme des supercheries et les deux derniers qui sont écrits alors que l'identité de Boris Vian est révélée. C'est pourquoi dans *J'irai cracher sur vos tombes*, l'auteur s'est attaché à travestir son écriture, à la fois pour distancier ses polars de ses romans plus littéraires et pour donner du crédit à son rôle de traducteur.

La position de traducteur est d'ailleurs décisive dans le style de l'écriture de Vernon Sullivan. Il lui faut en effet écrire dans l'objectif de laisser penser qu'il s'agit d'une traduction. Pour se faire, il déguise à la fois son style et son lexique. Il faut préciser que, comme l'a confié sa femme Michèle, Boris Vian affectionnait particulièrement le roman noir américain et en maîtrisait parfaitement ses techniques et thématiques. Il traduira d'ailleurs par la suite les romans des maîtres du genre tels Chandler ou Cain, auxquels Sullivan fut apparenté. L'auteur maîtrisait également la langue anglaise et ses subtilités, et c'est ainsi qu'il a pu réaliser ces pastiches extrêmement réalistes de romans noirs américains. Pour donner du crédit à cette pseudo-traduction, Boris Vian a délibérément ponctué son texte d'emprunts directs à la langue anglaise, ou plutôt américaine, alors qu'il aurait traduit ces mots dans une réelle traduction. On trouve ainsi dans *J'irai cracher sur vos tombes* les termes « bobby-soxer », « drugstore », ou encore « doughnuts ». D'autre part, des spécialistes des romans écrits sous la plume de Vernon Sullivan, telle Isabelle Fakra, se sont employés à décortiquer les formules employées dans le roman. Ces recherches ont montré que la traduction est consciemment défectueuse. Pour donner à penser qu'elle n'est qu'approximative, Vian a délibérément disséminé dans son roman des anglicismes et tournures courantes dans le roman noir, traduites mot-à-mot. À titre d'exemple, on trouve l'expression « Les chats du coin » qui aurait du être traduite par « Les gars du coin », ou le terme « gentille » pour « nice », alors que l'on parle clairement d'attributs physiques dans le texte. Pour rendre sa traduction réaliste, Boris Vian a également mis en place dans ce roman toute une mythologie américaine, ce que l'on appelle l'*American way of life*, qui peut approximativement être traduit comme « le mode de vie américain », avec tous ces clichés : les voitures, les bobby-soxers, l'alcool et le jazz.

Ainsi, les romans noirs crus et réalistes écrits par Vernon Sullivan sont tout à fait différents des romans oniriques et merveilleux écrits par Boris Vian. Le ton, le style et le lexique varient considérablement. Les motivations de l'écriture ne sont pas les mêmes et la réception du lecteur sera diamétralement opposée à la lecture de *J'irai cracher sur vos tombes* de celle de *L'Écume des jours*. Si Boris Vian commençait à acquérir une notoriété de grand auteur de son temps, les écrits de Vernon Sullivan étaient entièrement dénigrés, car jugés vulgaires et populaires. Comme le dit Philippe Boggio, spécialiste de Boris Vian : « Traducteur... par la faute de Vernon Sullivan. Boris se sentait entraîné trop loin de son ambition. L'Américain lui avait-il fait une mauvaise blague? Parfois, Boris se disait qu'il avait dû se tromper de carrefour, à l'automne 1946. Vernon Sullivan, l'hôte timide du début, léger comme un paria qu'on abrite huit jours, prenait toute la place. Il logeait même, parfois, dans sa tête. Traducteur... Les commandes affluaient, pour Sullivan ou pour Vian, les clients ne faisaient plus vraiment la différence. » Les œuvres signées Vernon Sullivan ont en effet concouru à la fois à la fortune puis à la perte de l'auteur. Le succès fut certes au rendez-vous – *J'irai cracher sur vos tombes* lui rapportera plusieurs millions de francs, qu'il dépensera très vite –, mais il entraînera sa perte financière – il sera incapable de payer ses impôts et devra céder ses droits d'auteur au fisc. Mais c'est sans conteste le discrédit littéraire, que les romans de Sullivan ont influé, qui affectera profondément Boris Vian. Il n'acceptera pas que ses romans signés Boris Vian n'aient rencontré aucun succès de son vivant. Pour la postérité, les œuvres écrites sous la plume de Sullivan se sont pourtant fondues dans la bibliographie de Boris Vian et ce sont finalement ses romans plus oniriques qui remportent le plus de succès aujourd'hui.

DANS LA MÊME COLLECTION
(par ordre alphabétique)

- **Anonyme**, *La Farce de Maître Pathelin*
- **Anouilh**, *Antigone*
- **Aragon**, *Aurélien*
- **Aragon**, *Le Paysan de Paris*
- **Austen**, *Raison et Sentiments*
- **Balzac**, *Illusions perdues*
- **Balzac**, *La Femme de trente ans*
- **Balzac**, *Le Colonel Chabert*
- **Balzac**, *Le Lys dans la vallée*
- **Balzac**, *Le Père Goriot*
- **Barbey d'Aurevilly**, *L'Ensorcelée*
- **Barbey d'Aurevilly**, *Les Diaboliques*
- **Bataille**, *Ma mère*
- **Baudelaire**, *Les Fleurs du Mal*
- **Baudelaire**, *Petits poèmes en prose*
- **Beaumarchais**, *Le Barbier de Séville*
- **Beaumarchais**, *Le Mariage de Figaro*
- **Beauvoir**, *Mémoires d'une jeune fille rangée*
- **Beckett**, *Fin de partie*
- **Brecht**, *La Noce*
- **Brecht**, *La Résistible ascension d'Arturo Ui*
- **Brecht**, *Mère Courage et ses enfants*
- **Breton**, *Nadja*
- **Brontë**, *Jane Eyre*
- **Camus**, *L'Étranger*
- **Carroll**, *Alice au pays des merveilles*
- **Céline**, *Mort à crédit*
- **Céline**, *Voyage au bout de la nuit*

- **Chateaubriand**, *Atala*
- **Chateaubriand**, *René*
- **Chrétien de Troyes**, *Perceval*
- **Cocteau**, *Les Enfants terribles*
- **Colette**, *Le Blé en herbe*
- **Corneille**, *Le Cid*
- **Crébillon fils**, *Les Égarements du cœur et de l'esprit*
- **Defoe**, *Robinson Crusoé*
- **Dickens**, *Oliver Twist*
- **Du Bellay**, *Les Regrets*
- **Dumas**, *Henri III et sa cour*
- **Duras**, *L'Amant*
- **Duras**, *La Pluie d'été*
- **Duras**, *Un barrage contre le Pacifique*
- **Flaubert**, *Bouvard et Pécuchet*
- **Flaubert**, *L'Éducation sentimentale*
- **Flaubert**, *Madame Bovary*
- **Flaubert**, *Salammbô*
- **Gary**, *La Vie devant soi*
- **Giraudoux**, *Électre*
- **Giraudoux**, *La Guerre de Troie n'aura pas lieu*
- **Gogol**, *Le Mariage*
- **Homère**, *L'Odyssée*
- **Hugo**, *Hernani*
- **Hugo**, *Les Misérables*
- **Hugo**, *Notre-Dame de Paris*
- **Huxley**, *Le Meilleur des mondes*
- **Jaccottet**, *À la lumière d'hiver*
- **James**, *Une vie à Londres*
- **Jarry**, *Ubu roi*
- **Kafka**, *La Métamorphose*
- **Kerouac**, *Sur la route*
- **Kessel**, *Le Lion*

- **La Fayette**, *La Princesse de Clèves*
- **Le Clézio**, *Mondo et autres histoires*
- **Levi**, *Si c'est un homme*
- **London**, *Croc-Blanc*
- **London**, *L'Appel de la forêt*
- **Maupassant**, *Boule de suif*
- **Maupassant**, *Le Horla*
- **Maupassant**, *Une vie*
- **Molière**, *Amphitryon*
- **Molière**, *Dom Juan*
- **Molière**, *L'Avare*
- **Molière**, *Le Malade imaginaire*
- **Molière**, *Le Tartuffe*
- **Molière**, *Les Fourberies de Scapin*
- **Musset**, *Les Caprices de Marianne*
- **Musset**, *Lorenzaccio*
- **Musset**, *On ne badine pas avec l'amour*
- **Perec**, *La Disparition*
- **Perec**, *Les Choses*
- **Perrault**, *Contes*
- **Prévert**, *Paroles*
- **Prévost**, *Manon Lescaut*
- **Proust**, *À l'ombre des jeunes filles en fleurs*
- **Proust**, *Albertine disparue*
- **Proust**, *Du côté de chez Swann*
- **Proust**, *Le Côté de Guermantes*
- **Proust**, *Le Temps retrouvé*
- **Proust**, *Sodome et Gomorrhe*
- **Proust**, *Un amour de Swann*
- **Queneau**, *Exercices de style*
- **Quignard**, *Tous les matins du monde*
- **Rabelais**, *Gargantua*
- **Rabelais**, *Pantagruel*

- **Racine**, *Andromaque*
- **Racine**, *Bérénice*
- **Racine**, *Britannicus*
- **Racine**, *Phèdre*
- **Renard**, *Poil de carotte*
- **Rimbaud**, *Une saison en enfer*
- **Sagan**, *Bonjour tristesse*
- **Saint-Exupéry**, *Le Petit Prince*
- **Sarraute**, *Enfance*
- **Sarraute**, *Tropismes*
- **Sartre**, *Huis clos*
- **Sartre**, *La Nausée*
- **Senghor**, *La Belle histoire de Leuk-le-lièvre*
- **Shakespeare**, *Roméo et Juliette*
- **Steinbeck**, *Les Raisins de la colère*
- **Stendhal**, *La Chartreuse de Parme*
- **Stendhal**, *Le Rouge et le Noir*
- **Verlaine**, *Romances sans paroles*
- **Verne**, *Une ville flottante*
- **Verne**, *Voyage au centre de la Terre*
- **Vian**, *L'Arrache-cœur*
- **Vian**, *L'Écume des jours*
- **Voltaire**, *Candide*
- **Voltaire**, *Micromégas*
- **Zola**, *Au Bonheur des Dames*
- **Zola**, *Germinal*
- **Zola**, *L'Argent*
- **Zola**, *L'Assommoir*
- **Zola**, *La Bête humaine*
- **Zola**, *Nana*
- **Zola**, *Pot-Bouille*